Disney

Encanto

La fantastique famille Madrigal

3-6 ans
Maternelle
PS-MS-GS

Mon cahier effaçable

J'écris LES NOMBRES

hachette
ÉDUCATION

Conseils pour bien tenir son feutre

Tu peux utiliser n'importe quel feutre effaçable pour écrire dans ton cahier.
Effface ensuite avec une petite éponge ou un chiffon et entraîne-toi plusieurs fois.

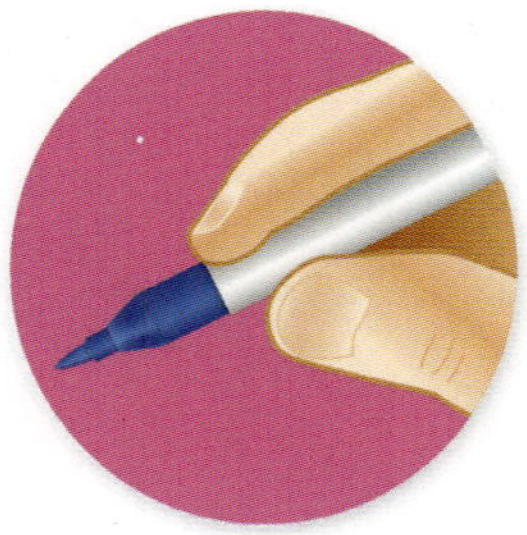

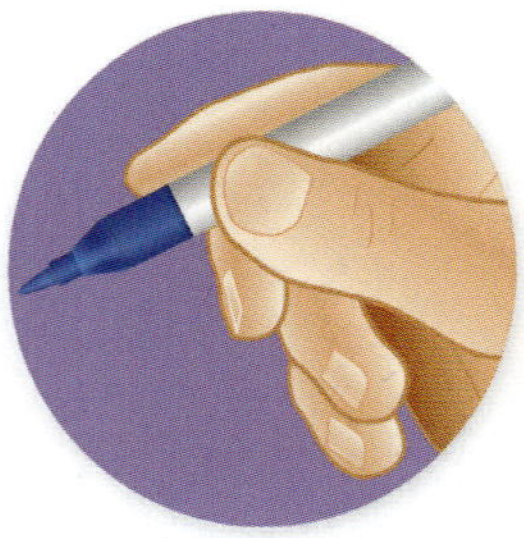

1. Place ton feutre entre le pouce et l'index.
2. Laisse reposer ton feutre sur le doigt du milieu. Ne serre pas trop fort le feutre.
3. Tiens le feutre proche de la mine, mais pas trop près non plus !

Deux modèles de chiffres sont proposés dans la page, l'un à gauche, l'autre à droite.
Si tu es droitier, tu suivras le modèle placé à gauche de la page ;
si tu es gaucher, tu regarderas le modèle à droite de la page.

Attention, il faut toujours écrire de la gauche vers la droite !

Les droitiers

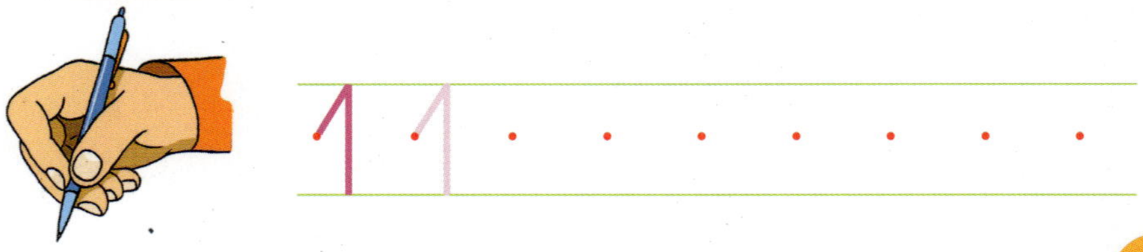

Les gauchers

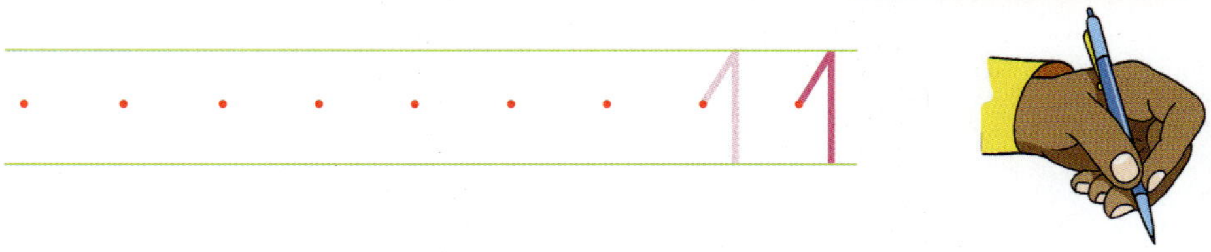

ISBN : 978-2-01-726114-8

58, rue Jean Bleuzen, CS 70007,
92178 Vanves Cedex
www.parascolaire.hachette-education.com

Couverture
Astrid Payet
Intérieur
Conception graphique : Astrid Payet
Mise en pages : Astrid Payet
Édition : Adeline Pécout

Achevé d'imprimer en décembre 2023 par Rotolito en Roumanie
Dépôt légal : janvier 2024 – Édition 01 29/3385/5

Abuela doit surveiller
1 chandelle magique.

Repasse sur les pointillés en partant du point pour tracer le chiffre 1.

Camilo et Antonio doivent ouvrir 1 porte pour voir ce qu'il se cache derrière. Relie 1 porte à chacun d'entre eux.

Mirabel a 2 sœurs :
Isabela et Luisa.

Repasse sur les pointillés en partant du point pour tracer le chiffre 2.

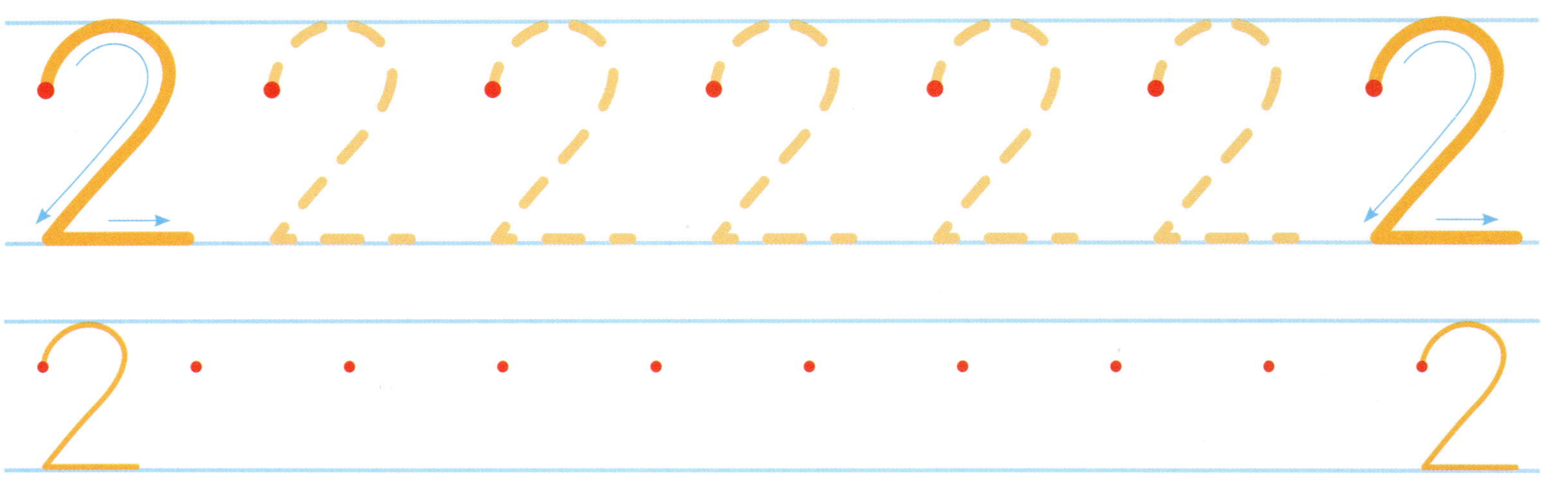

Entoure 2 ananas et 2 mangues.

La maman capybara
a 3 petits capybaras.

Repasse sur les pointillés en partant du point pour tracer le chiffre 3.

3 3

Entoure 3 cactus.

Ces 4 empreintes
sont celles
d'un coati.

Repasse sur les pointillés en partant des points pour tracer le chiffre 4.

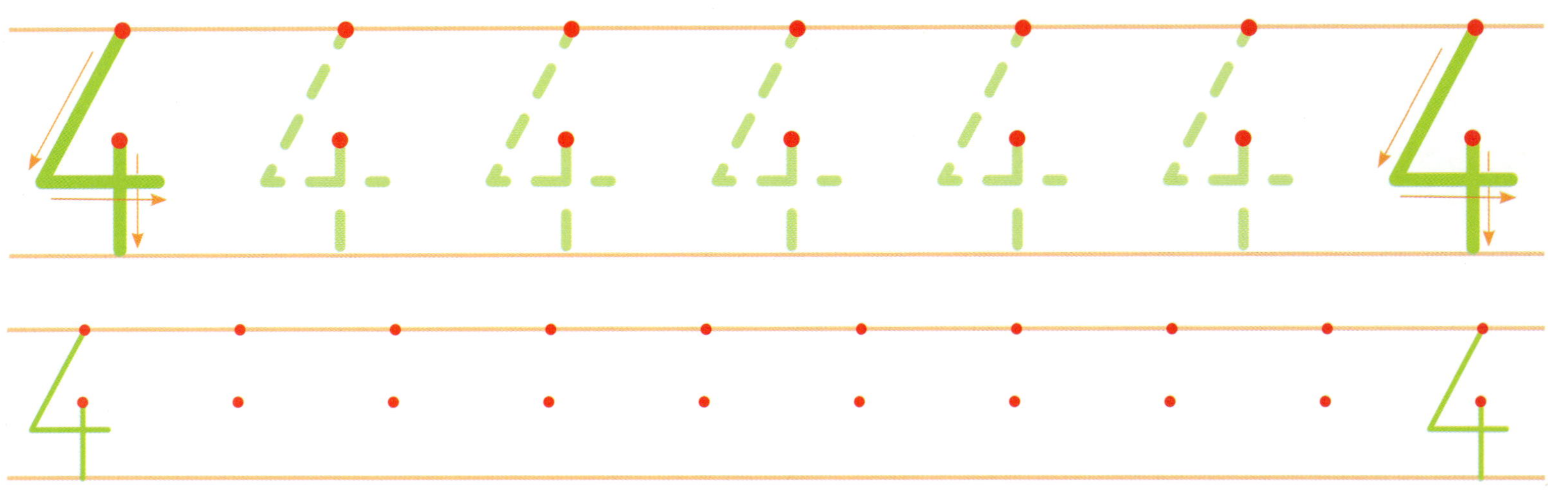

Pepa est souvent sous la pluie. Aide-la à retrouver de la joie.
Entoure 4 soleils.

Luisa doit ramener
5 ânes au village.

Repasse sur les pointillés en partant du point pour tracer le chiffre 5.

5 5

5 5

Relie chaque groupe d'objets au nombre qui lui correspond.

4 3 5

Abuela a 6 petits enfants : Antonio, Camilo, Dolores, Mirabel, Luisa et Isabela.

Repasse sur les pointillés en partant du point pour tracer le chiffre 6.

6 6 6 6 6 6 6

6 6

Mirabel joue très bien de l'accordéon. Entoure 6 accordéons.

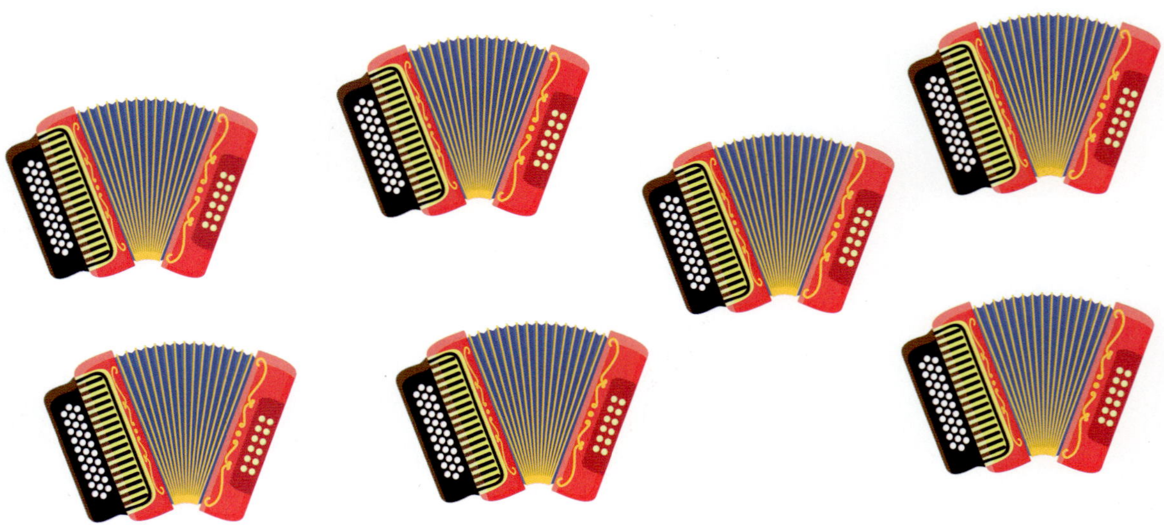

7 guêpes
ont piqué Agustin.

Repasse sur les pointillés en partant des points pour tracer le chiffre 7.

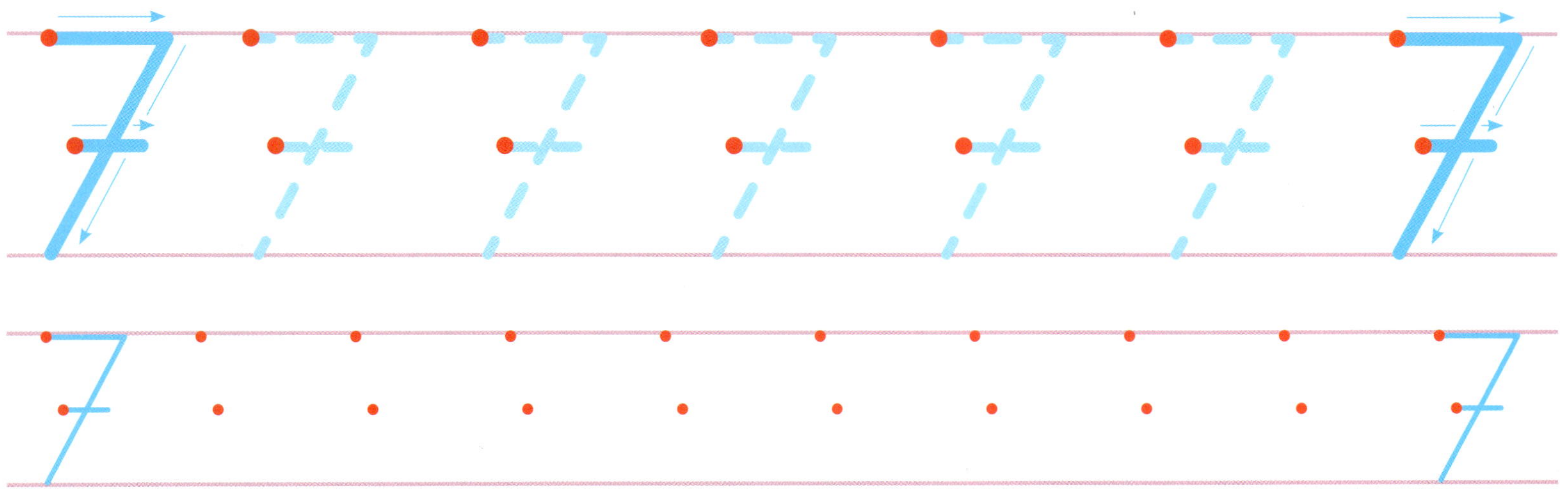

Les villageois ont besoin de lanternes pour voyager de nuit.
Entoure 7 lanternes rouges et 7 lanternes bleues.

Félix adore le café !
Il peut boire
8 tasses par jour.

Repasse sur les pointillés en partant du point pour tracer le chiffre 8.

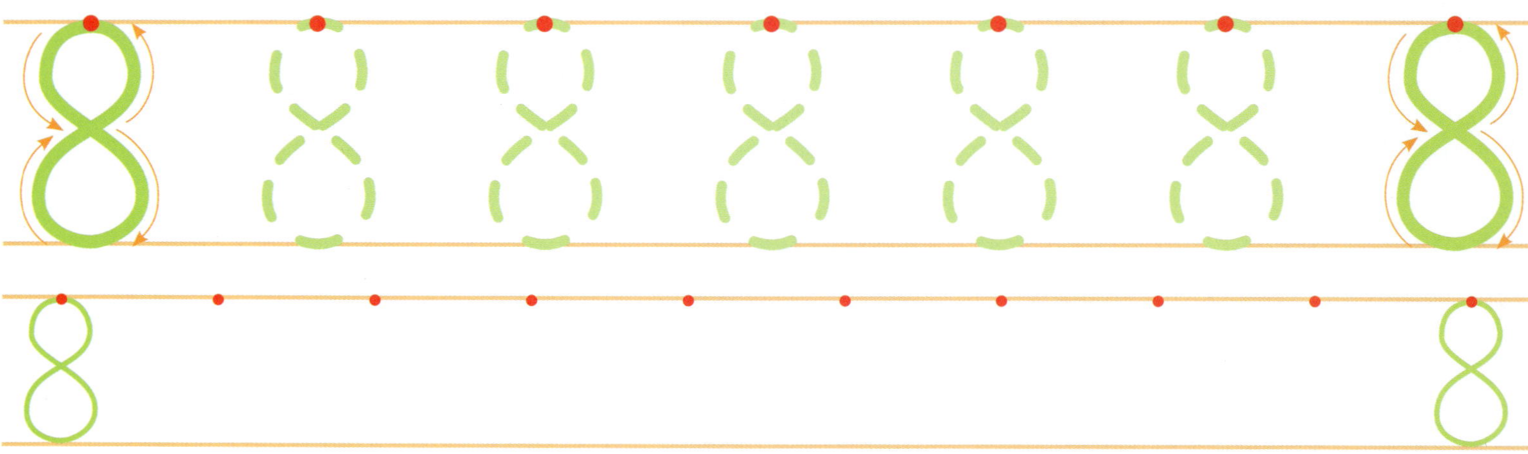

La famille Madrigal vit en Colombie. Entoure 8 drapeaux colombiens.

Isabela aime les fleurs, elle est entourée de 9 fleurs d'hibiscus.

Repasse sur les pointillés en partant du point pour tracer le chiffre 9.

9 9 9 9 9 9 9

9 9

À ton tour de dessiner 9 fleurs.

Mirabel doit amener 10 paniers de fruits pour la fête.

Repasse sur les pointillés en partant des points pour tracer le nombre 10.

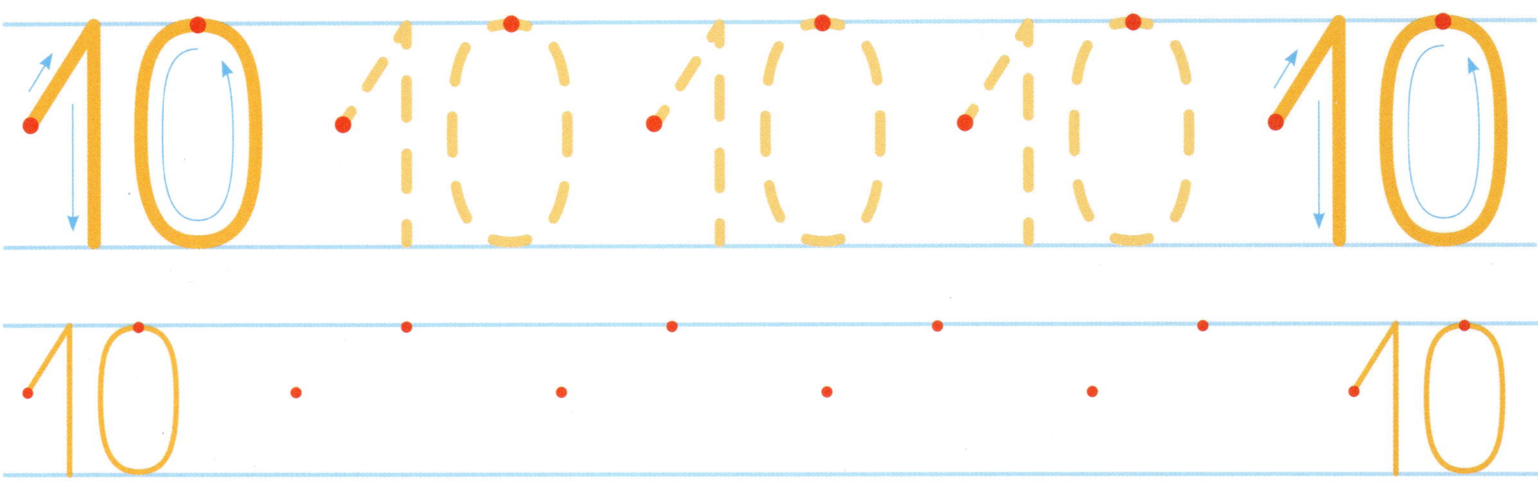

Dessine d'autres cubes pour compléter la pyramide et avoir 10 cubes au total.

Tout le monde décore la maison. Antonio dépose 11 moulins à vent.

Repasse sur les pointillés en partant des points pour tracer le nombre 11.

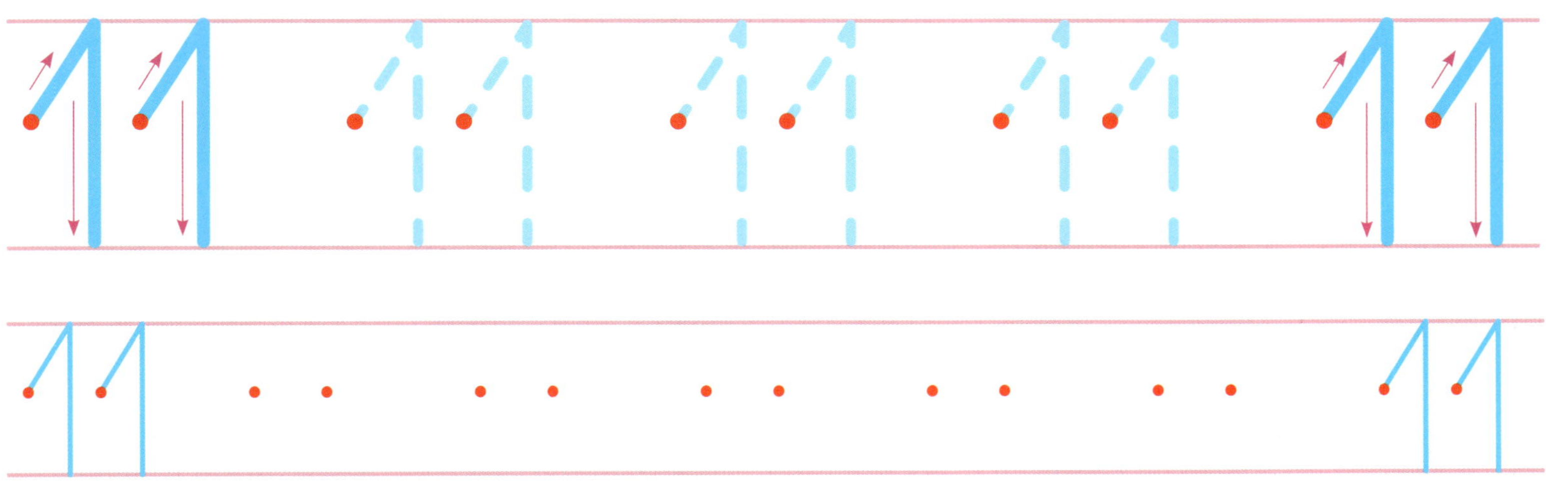

Barre les palmiers en trop pour en avoir 11. Combien en as-tu barré ?
Écris ce nombre dans le cadre.

12

Bruno est entouré de 12 rats.

Repasse sur les pointillés en partant des points pour tracer le nombre 12.

12 12 12 12 12

12 12

Compte les différents insectes, puis indique leur nombre dans le tableau.

	9
	10
	12

13

Dans la maison, 13 portraits sont accrochés.

Repasse sur les pointillés en partant des points pour tracer le nombre 13.

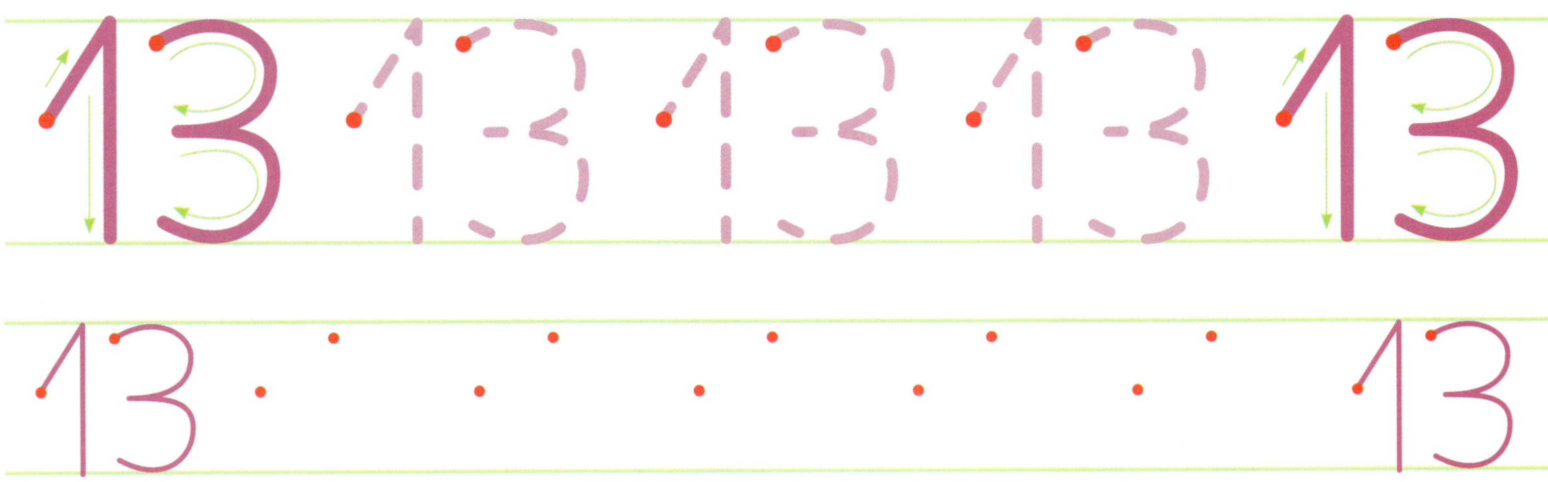

Abuelo portait des chapeaux. Entoure 13 chapeaux colombiens.

14

Le jaguar a laissé des empruntes sur le sol. Agustin en a compté 14.

Repasse sur les pointillés en partant des points pour tracer le nombre 14.

14 14 14 14 14

14 14

Dolores adore les boucles d'oreilles. Barre les boucles d'oreilles en trop pour en avoir 14 dans chaque pochette.

Julieta rejoint Agustin.
Elle passe devant 15 cactus.

Repasse sur les pointillés en partant des points pour tracer le nombre 15.

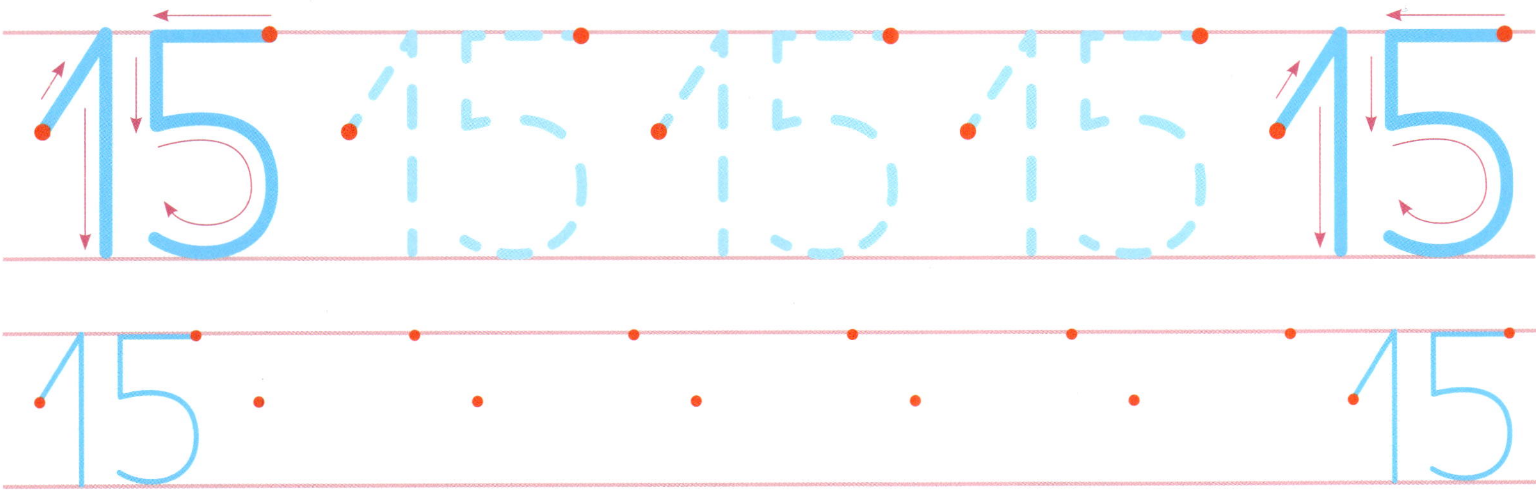

Sur chaque guirlande, barre les drapeaux en trop pour en avoir 15 à chaque fois.

Camilo adore le foot. Il a arrêté 16 ballons dans les buts.

Repasse sur les pointillés en partant des points pour tracer le nombre 16.

16 16 16 16 16

16 16

Compte les différents animaux, puis indique leur nombre dans le tableau.

	11
	14
	16

Abuela prépare 17 épis de maïs pour le dîner.

Repasse sur les pointillés en partant des points pour tracer le nombre 17.

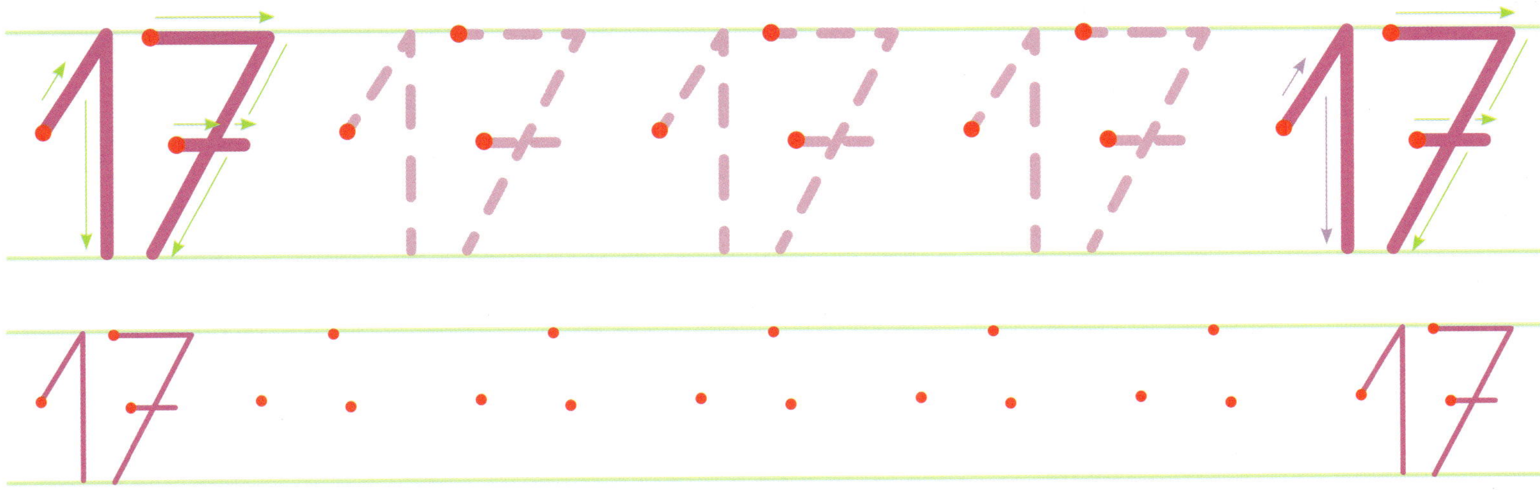

Dessine des nuages autour de Pepa pour en avoir 17.

18

Les villageois aident la famille Madrigal à reconstruire Casita avec 18 outils.

Repasse sur les pointillés en partant des points pour tracer le nombre 18.

18 18 18 18 18

18 18

À Encanto, la nuit le ciel est plein d'étoiles. Entoure 18 étoiles.

Mirabel est entourée de 19 papillons.

Repasse sur les pointillés en partant des points pour tracer le nombre 19.

Julieta fait beaucoup de biscuits pour soigner Agustin. Entoure 19 biscuits.

La famille Madrigal aime jouer de la musique.
Regarde les 20 maracas.

Repasse sur les pointillés en partant des points pour tracer le nombre 20.

20 20 20 20

20 20

Entoure 20 fers à cheval.

Antonio est entouré de 21 colibris.

Repasse sur les pointillés en partant des points pour tracer le nombre 21.

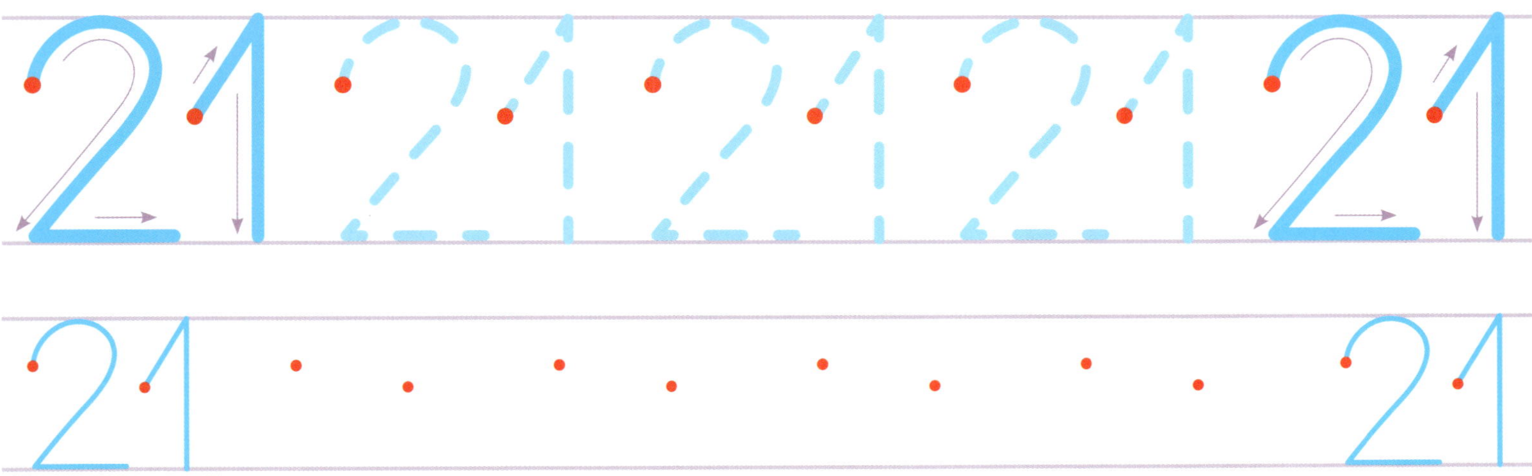

Luisa doit ramener des pierres. Barre les pierres en trop pour en avoir 21.

22

Agustin joue du piano.
Regarde les 22 notes !

Repasse sur les pointillés en partant des points pour tracer le nombre 22.

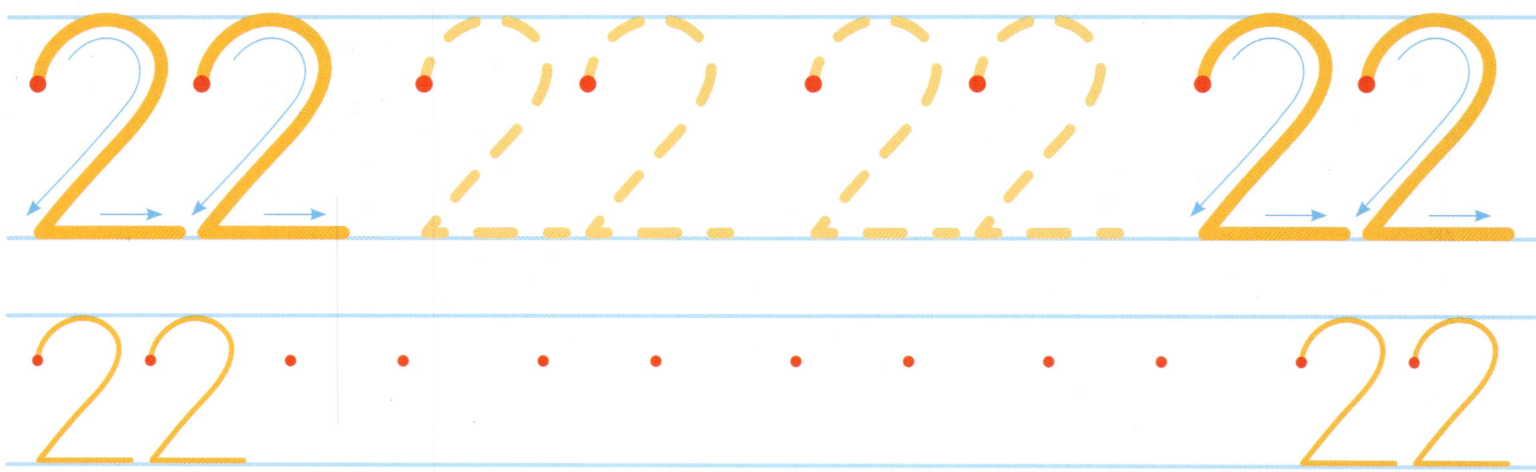

Bruno porte un poncho vert. Entoure 22 ponchos.

23

Dolores prépare 23 tortillas.

Repasse sur les pointillés en partant des points pour tracer le nombre 23.

23 23 23 23

23 23

Compte le nombre d'arcs-en-ciel et écris-le dans le cadre.

24

On boit beaucoup
de café à Encanto.
Abuela utilise
24 grains de café.

Repasse sur les pointillés en partant des points pour tracer le nombre 24.

24 24 24 24

24 24

Complète la bande numérique en écrivant les nombres manquants.

15	....	17	18	....	20	21	....	....	24

25 plumes
volent dans l'air.

Repasse sur les pointillés en partant des points pour tracer le nombre 25.

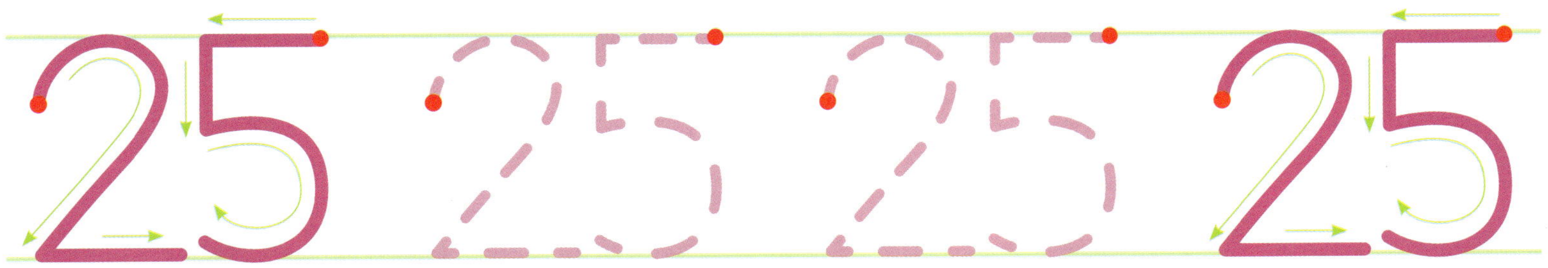

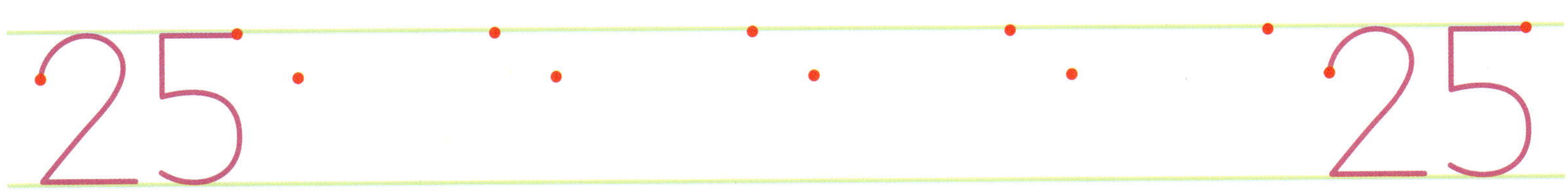

Compte le nombre de grenouilles et écris-le dans le cadre.

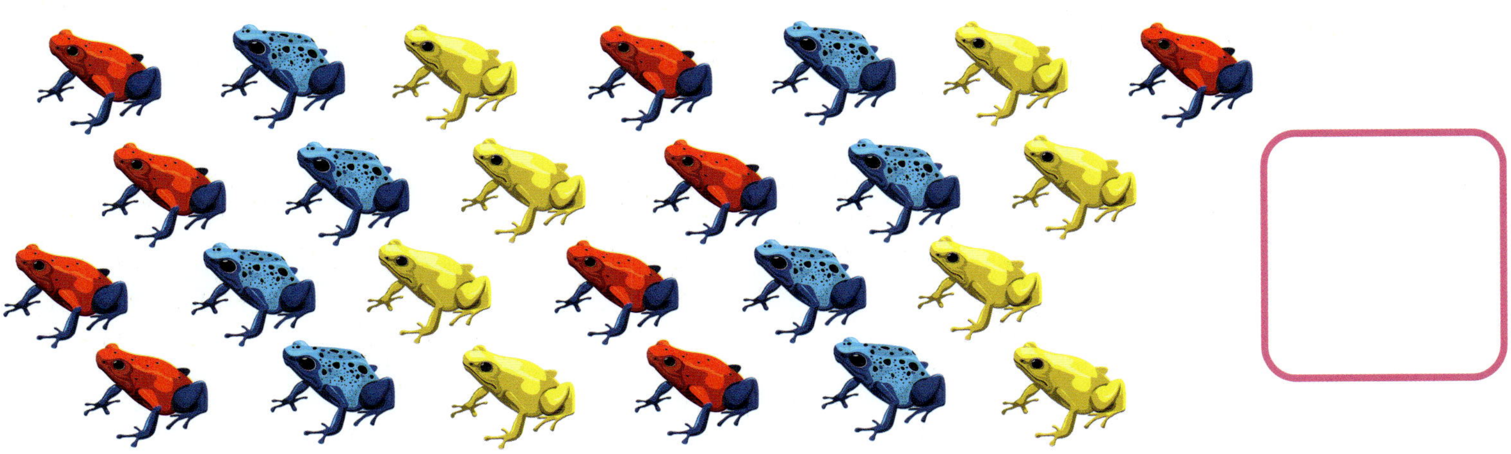

LES NOMBRES

1

2

3

4

5

6

7

8

9

10

11

12

13

14

15

16

17

18

19

20

21

22

23

24

25

LES FORMES

Un carré

Un rond

Un triangle

Repasse sur les pointillés pour dessiner les formes.

CHERCHE et TROUVE

 1 arc-en-ciel

 2 toucans

 3 ânes

 4 jardinières

 5 coatis

 6 nuages

 7 rats

 8 cactus

 9 colobris

 10 papillons